# РАССКАЗЫ О ЗВЕРЯТАХ

*Иллюстрации*

*Владимира и Марины Белоусовых*

#эксмодетство

Москва

2023

# КОНСТАНТИН УШИНСКИЙ

## Плутишка кот

### I

Жили-были на одном дворе кот, козёл да баран.

Жили они дружно: сена клок и тот пополам; а коли вилы в бок, так одному коту Ваське. Он такой вор и разбойник: где что плохо лежит, туда и глядит. Вот идёт раз котишка-мурлышка, серый лобишко; идёт да тако́во жалостно плачет. Спрашивают кота козёл да баран:

— Котик-коток, серенький лобок! О чём ты плачешь, на трёх ногах скачешь?

Отвечает им Вася:

— Как мне не плакать! Била меня баба, била; уши выдирала, ноги поломала, да ещё и удавку на меня припасала.

— А за что же на тебя такая беда пришла? — спрашивают козёл да баран.

— Эх-эх! За то, что нечаянно сметанку слизал.

— Поделом вору и му́ка, — говорит козёл, — не воруй сметаны!

Вот кот опять плачет:

— Била меня баба, била; била-приговаривала: «Придёт ко мне зять, где сметаны будет взять: поневоле придётся козла да барана резать».

Заревели тут козёл да баран:

— Ах ты, серый ты кот, бестолковый твой лоб! За что ты нас-то сгубил?

Стали они судить да рядить, как бы им беды великой избыть — и порешили тут же: всем троим убежать. Подстерегли, как хозяйка не затворила ворот, и ушли.

## II

Долго бежали кот, козёл да баран по долам, по горам, по сыпучим пескам; пристали и порешили заночевать на скошенном лугу; а на том лугу стога, что города, стоят.

Ночь была тёмная, холодная; где огня добыть? А котишка-мурлышка уж достал бересты, обернул козлу рога и велел ему с бараном лбами стукнуться. Стукнулись козёл с бараном, искры из глаз посыпались: берёсточка так и запылала.

— Ладно, — молвил серый кот, — теперь обогреемся! — Да недолго думавши и зажёг целый стог сена.

Не успели они ещё порядком обогреться, как жалует к ним незваный гость — мужичок-серячок, Михайло Потапыч Топтыгин.

— Пустите, — говорит, — братцы, обогреться да отдохнуть; что-то мне немо́жется.

— Добро пожаловать, мужичок-серячок! — говорит котик. — Откуда идёшь?

— Ходил на пчельник, — говорит медведь, — пчёлок проведать, да подрался с мужиками, оттого и хво́рость прикинулась.

Вот стали они все вместе ночку коротать: козёл да баран у огня, мурлышка на стог влез, а медведь под стог забился.

Заснул медведь; козёл да баран дремлют; один мурлыка не спит и всё видит. И видит он: идут семь волков серых, один белый — и прямо к огню.

— Фу-фу! Что за народ такой! — говорит белый волк козлу да барану. — Давай-ка силу пробовать.

Заблеяли тут со страху козёл да баран; а котишка, серый лобишко, повёл такую речь:

— Ах ты, белый волк, над волками князь! Не гневи ты нашего старшего: он, помилуй Бог, сердит! Как расходится — никому несдобровать. Аль не видишь у него бороды: в ней-то и вся сила; бородой он всех зверей побивает, рогами только кожу сымает. Лучше подойдите да честью попросите: хотим-де поиграть с твоим меньшим братцем, что под стогом спит.

Волки на том козлу кланялись; обступили Мишу и ну заигрывать. Вот Миша крепился, крепился да как хватит на каждую лапу по волку, так запели они лазаря[1].

Выбрались волки из-под стога еле живы и, поджав хвосты, — давай бог ноги![2]

Козёл же да баран, пока медведь с волками расправлялся, подхватили мурлышку на спину и поскорее домой.

— Полно, — говорят, — без пути таскаться, ещё не такую беду наживём.

Старик и старушка были рады-радёхоньки, что козёл с бараном домой воротились; а котишку-мурлышку ещё за плутни выдрали.

---

[1] Запе́ть ла́заря — плакать, жаловаться на судьбу (*устар.*).

[2] Дава́й бог но́ги — быстро убегать, пускаться наутёк (*устар.*).

# Бишка

— А ну-ка, Бишка, прочти, что в книжке написано!

Понюхала собачка книжку, да и прочь пошла.

— Не моё, — говорит, — дело книги читать; я дом стерегу, по ночам не сплю, лаю, воров да волков пугаю, на охоту хожу, зайку слежу, уточек ищу, поноску тащу — будет с меня и этого.

## Васька

Котичек-коток — серенький лобок. Ласков Вася, да хитёр; лапки бархатные, коготок остёр. У Васютки ушки чутки, усы длинные, шубка шёлковая. Ласкается кот, выгибается, хвостиком виляет, глазки закрывает, песенку поёт, а попалась мышка — не прогневайся!

Глазки-то большие, лапки, что стальные, зубки-то кривые, когти выпускные!

# АЛЕКСЕЙ ТОЛСТОЙ

## Сорока

За калиновым мостом, на малиновом кусту калачи медовые росли да пряники с начинкой. Каждое утро прилетала сорока-белобока и ела пряники.

Покушает, почистит носок и улетит детей пряниками кормить.

Раз спрашивает сороку синичка-птичка:

— Откуда, тётенька, ты пряники с начинкой таскаешь? Моим детям тоже бы их поесть охота. Укажи мне это доброе место.

— А у чёрта на куличках, — отвечала сорока-белобока, обманула синичку.

— Неправду ты говоришь, тётенька, — пискнула синичка-птичка, — у чёрта на куличках одни сосновые шишки валяются, да и те пустые. Скажи — всё равно выслежу.

Испугалась сорока-белобока, пожадничала. Полетела к малиновому кусту и съела и калачи медовые, и пряники с начинкой, всё дочиста.

И заболел у сороки живот. Насилу домой доплелась. Сорочат растолкала, легла и охает...

— Что с тобой, тётенька? — спрашивает синичка-птичка. — Или болит чего?

— Трудилась я, — охает сорока, — истомилась, кости болят.

— Ну, то-то, а я думала другое что, от другого чего я средство знаю: трава Сандрит, от всех болестей целит.

— А где Сандрит-трава растёт? — взмолилась сорока-белобока.

— А у чёрта на куличках, — ответила синичка-птичка, крылышками детей закрыла и заснула.

«У чёрта на куличках одни сосновые шишки, — подумала сорока, — да и те пустые», — и затосковала: очень живот болел у белобокой.

И с боли да тоски на животе сорочьем перья все повылезли, и стала сорока — голобока. От жадности.

## Мышка

По чистому снегу бежит мышка, за мышкой дорожка, где в снегу лапки ступали.

Мышка ничего не думает. Потому что в голове у неё мозгу — меньше горошины.

Увидела мышка на снегу сосновую шишку, ухватила зубом, скребёт и всё чёрным глазом поглядывает — нет ли хоря.

А злой хорь по мышиным следам ползёт, красным хвостом снег метёт.

Рот разинул — вот-вот на мышь кинется...

Вдруг мышка царапнула нос о шишку, да с перепугу — нырь в снег, только хвостом вильнула. И нет её.

Хорь даже зубами скрипнул — вот досада. И побрёл, побрёл хорь по белому снегу. Злющий, голодный — лучше не попадайся.

А мышка так ничего и не подумала об этом случае, потому что в голове мышиной мозгу меньше горошины. Так-то.

# Ёж

Телёнок увидал ежа и говорит:

— Я тебя съем!

Ёж не знал, что телёнок ежей не ест, испугался, клубком свернулся и фыркнул:

— Попробуй...

Задрав хвост, запрыгал глупый телёнок, боднуть норовит, потом растопырил передние ноги и лизнул ежа.

— Ой, ой, ой! — заревел телёнок и побежал к корове-матери, жалуется:

— Ёж меня за язык укусил.

Корова подняла голову, поглядела задумчиво и опять принялась траву рвать.

А ёж покатился в тёмную нору под рябиновый корень и сказал ежихе:

— Я огромного зверя победил, должно быть, льва!

И пошла слава про храбрость ежову за синее озеро, за тёмный лес.

— У нас ёж — богатырь, — шёпотом со страху говорили звери.

## Лиса Патрикеевна

У кумушки-лисы зубушки остры, рыльце тоненькое; ушки на макушке, хвостик на отлёте, шубка тёпленькая.

Хорошо кума принаряжена: шерсть пушистая, золотистая; на груди жилет, а на шее белый галстучек.

Ходит лиса тихохонько, к земле пригибается, будто кланяется; свой пушистый хвост носит бережно; смотрит ласково, улыбается, зубки белые показывает.

Роет норы, умница, глубокие: много входов в них и выходов, кладовые есть, есть и спаленки; мягкой травушкой полы выстланы.

Всем бы лисонька хороша была, хозяюшка... да разбойница лиса, постница: любит курочек, любит уточек, свернёт шею гусю жирному, не помилует и кролика.

## Не ладно скроен, да крепко сшит

Беленький, гладенький зайчик сказал ежу:

— Какое у тебя, братец, некрасивое, колючее платье!

— Правда, — отвечал ёж, — но мои колючки спасают меня от зубов собаки и

волка; служит ли тебе так же твоя хорошенькая шкурка?

Зайчик вместо ответа только вздохнул.

# МИХАИЛ ПРИШВИН

## Ежовые рукавицы

Собака, всё равно как и лисица и кошка, подбирается к добыче. И вдруг замрёт. Это у охотников называется стойкой.

Собака только стоит и указывает, а человек при взлёте стреляет. Если же собака при взлёте бежит, это не охота. За одной побежит — другую спугнёт, третью, да ещё и с лаем пустится по болоту турить — охотнику так ничего и не достанется.

Учил я Ромку, чтобы не гонять, и не мог научить.

— Некультурен! — сказал мне однажды егерь Кирсан.

— Как же быть с некультурностью? — спросил я.

Кирсан очень странно ответил:

— Некультурность у собак надо ежом изгонять.

Нашли мы ежа. Я пустил Ромку в тетеревиные места, и скоро он стал по тетёрке.

Я позади Ромки стал, а Кирсан с ежом сбоку. Приказываю:

— Вперёд!

Ромка с лапки на лапку: раз, два, три...

«Ту-ту-ту!» — вылетела.

— Назад! — кричу Ромке.

Ничего не помнит, ничего не слышит. Бросился. И тут-то Кирсан на прыжке сбоку прямо на нос ему ежа. Ромка опомнился,

взвизгнул — и на ежа. А ёж ему своими колючками ещё здорово поддал. И мы на Ромку и приговариваем:

— Помни ежа, помни ежа!

С тех пор, когда птица взлетает, я говорю негромко:

— Ромка, помни ежа!

Он и опомнится.

Однажды я спросил Кирсана:

— Как это вы, Кирсан Николаевич, пришли к такой догадке, чтобы некультурность ежом изгонять?

— С себя самого перевёл, Михайло Михайлович, — ответил Кирсан. — В детстве соседям окна бил из рогатки. Раз поймали меня и говорят: «Этого мальчишку надо взять в ежовые рукавицы!» И взяли. А потом это с себя я на собак перевёл с большой пользой.

# Как я научил своих собак горох есть

Лада, старый пойнтер[1] десяти лет, — белая с жёлтыми пятнами. Травка — рыжая, лохматая, ирландский сеттер, и ей всего только десять месяцев. Лада — спокойная и умная. Травка — бешеная и не сразу меня понимает. Если я, выйдя из дому, крикну: «Травка!» — она на одно мгновенье обалдеет. И в это время Лада успевает повернуть к ней голову и только не скажет словами: «Глупенькая, разве ты не слышишь? Хозяин зовёт!»

Сегодня я вышел из дому и крикнул:

---

[1] По́йнтер (английский пойнтер) — порода охотничьих собак, используемых для охоты с ружьём на пернатую дичь.

— Лада, Травка, горох поспел, идёмте скорей горох есть!

Лада уже лет восемь знает это и теперь даже любит горох; горох ли, малина, клубника, черника, даже редиска, даже репа и огурец, только не лук. Я, бывало, ем, а она, умница, вдумывается — глядишь, и себе начинает рвать стручок за стручком. Полный рот, бывало, наберёт гороху и жуёт, а горох с обеих сторон изо рта сыплется, как из веялки. Потом выплюнет шелуху, а самый горох с земли языком соберёт весь до зёрнышка.

Вот и теперь я беру толстый зелёный стручок и предлагаю его Травке. Ладе, старухе, уж конечно, это не очень нравится, что я предпочитаю ей молодую Травку. Лохмушка берёт в рот стручок и выплёвывает. Второй даю — и второй выплёвывает. Третий стручок даю Ладе. Берёт. После Лады опять Травке даю. Берёт. И так пошло скоро: один стручок Ладе, другой — Травке. Дал по десять стручков.

— Жуйте, работайте!

И пошли жернова молоть горох, как на мельнице. Так и хлещет горох в разные стороны у той и другой. Наконец Лада выплюнула шелуху, и вслед за ней Травка тоже выплюнула. Лада стала языком зёрна собирать. Травка попробовала и вдруг поняла: и стала есть горох с таким же удовольствием, как и Лада. Она стала есть потом и малину, и клубнику, и огурцы. И всему этому я научил Травку из-за большой любви ко мне Лады: Лада ревнует ко мне Травку и ест, Травка Ладу ревнует и ест. Мне кажется, если я устрою между ними соревнование, то они, пожалуй, скоро у меня и лук будут есть.

## Филин

Ночью злой хищник филин охотится, днём прячется. Говорят, будто днём он плохо видит и оттого прячется. А по-моему, если бы он и хорошо видел, всё равно ему бы днём нельзя было никуда показаться — до того своими ночными разбоями нажил он себе много врагов.

Однажды я шёл опушкой леса. Моя небольшая охотничья собачка, породою спаниель, а по прозвищу Сват, что-то причуяла в большой куче хвороста. Долго с лаем бегал он вокруг кучи, не решаясь подлезть под неё.

— Брось! — приказал я. — Это ёж.

Так у меня собачка приучена: скажу «ёж», и Сват бросает.

Но в этот раз Сват не послушался и с ожесточением бросился на кучу и ухитрился подлезть под неё.

«Наверно, ёж», — подумал я.

И вдруг с другой стороны кучи, под которую подлез Сват, из-под неё выбегает на свет филин, ушастый, и огромных размеров и с огромными кошачьими глазами.

Филин на свету — это огромное событие в птичьем мире. Бывало, в детстве приходилось попадать в тёмную комнату — чего-чего там не покажется в тёмных углах, и больше всего я боялся чёрта. Конечно, это глупости, и никакого чёрта нет для человека. Но у птиц,

по-моему, чёрт есть — это их ночной разбойник филин. И когда филин выскочил из-под кучи, то это было для птиц всё равно, как если бы у вас на свету чёрт показался.

Единственная ворона была, пролетала, когда филин, согнувшись, в ужасе перебегал из-под кучи под ближайшую ёлку. Ворона увидела разбойника, села на вершину этой ёлки и крикнула совсем особенным голосом:

— Кра!

До чего это удивительно у ворон! Сколько слов нужно человеку, а у них одно только «кра» — на все случаи, и в каждом случае это словечко, всего только в три буквы, благодаря разным оттенкам звука означает разное. В этом случае воронье «кра» означало, как если бы мы в ужасе крикнули:

— Чёр-р-р-р-рт!

Страшное слово прежде всего услыхали ближайшие вороны и, услыхав, повторили, и более отдалённые, услыхав, тоже повторили, и так в один миг несметная стая, целая туча ворон с криком: «Чёрт!» — прилетела и облепила высокую ёлку с верхнего сучка до нижнего.

Услыхав переполох в вороньем мире, тоже со всех сторон прилетели галки чёрные с белыми глазами и сойки бурые с голубыми крыльями, ярко-жёлтые, почти золотые иволги. Места всем не хватило на ёлке, много сосед-

них деревьев покрылось птицами, и всё новые и новые прибывали: синички, гаечки, московки, трясогузки, пеночки, зорянки и разные подкрапивнички.

В это время Сват, не понимая, что филин давно уже выскочил из-под кучи и прошмыгнул под ёлку, всё там орал и копался под кучей. Вороны и все другие птицы глядели на кучу, все они ждали Свата, чтобы он выскочил и выгнал филина из-под ёлки.

Но Сват всё возился, и нетерпеливые вороны кричали ему слово:

— Кра!

В этом случае это означало просто:

— Дурак!

И наконец, когда Сват причуял свежий след и вылетел из-под кучи и, быстро разобравшись в следах, направился к ёлке, все вороны в один общий голос опять крикнули по-нашему:

— Кра!

А по-ихнему это значило:

— Правильно!

И когда филин выбежал из-под ёлки и стал на крыло, опять вороны крикнули:

— Кра!

И это теперь значило:

— Брать!

Все вороны поднялись с дерева, вслед за воронами все галки, сойки, иволги, дрозды, вертишейки, трясогузки, щеглы, синички, гаечки, московочки, и все эти птицы помчались тёмной тучей за филином, и все орали одно только:

— Брать, брать, брать!

Я забыл сказать, что, когда филин становился на крыло, Сват успел-таки вцепиться зубами в хвост, но филин рванулся, и Сват

остался с филиновыми перьями и пухом в зубах.

Озлобленный неудачей, он помчался полем за филином и первое время бежал, не отставая от птиц.

— Правильно, правильно! — кричали ему некоторые вороны.

И так вся туча птиц скоро скрылась на горизонте, и Сват тоже исчез за перелеском. Чем всё кончилось, не знаю.

Сват вернулся ко мне только через час с филиновым пухом во рту.

И ничего не могу сказать, тот ли это пух у него остался, который взял он, когда филин на крыло становился, или же птицы доконали филина, и Сват помогал им в расправе со злодеем.

Что не видал, то не видал, а врать не хочу.

# Выскочка[1]

Наша охотничья собака, лайка, приехала к нам с берегов Бии, и в честь этой сибирской реки так и назвали мы её Бией. Но скоро эта Бия почему-то у нас превратилась в Бьюшку, Бьюшку все стали звать Вьюшкой. Мы с ней мало охотились, но она прекрасно служила у нас сторожем при машине. Уйдёшь на охоту — и будь уверен: Вьюшка не пустит в машину врага.

Раз было, пришли мы с охоты, стали разводить машину, а Вьюшку пустили погулять. Весёлая собачка эта Вьюшка, всем нравится: ушки — как рожки, хвостик колечком, зубки

---

[1] Вы́скочка — вмешивающийся первым раньше других во что-нибудь, чтобы заслужить одобрение, выслужиться перед кем-нибудь.

беленькие, как чеснок. Достались ей от обеда две косточки. Получая подарок, Вьюшка развернула колечко своего хвоста и опустила его вниз поленом. Это у неё означало тревогу и начало бдительности, необходимой для защиты, — известно, что в природе на кости есть много охотников. С опущенным хвостом Вьюшка вышла на траву-мураву и занялась одной косточкой, другую же положила рядом с собой.

Тогда откуда ни возьмись сороки — скок-скок — и к самому носу собаки. Когда же Вьюшка повернула голову к одной, — хвать! — другая сорока с другой стороны — хвать! — и унесла косточку.

Дело было поздней осенью, и сороки вывода этого лета были совсем взрослые.

Держались они тут всем выводком[1], в семь штук, и от своих родителей постигли все тайны воровства. Очень быстро они оклевали украденную косточку и, не долго думая, собрались отнять у собаки вторую.

Говорят, что в семье не без урода, то же оказалось и в сорочьей семье. Из семи сорок одна вышла не то чтобы совсем глупенькая, а как-то с заскоком и с пыльцой в голове[2]. Вот сейчас то же было: все шесть сорок повели правильное наступление, большим полукругом, поглядывая друг на друга, и только одна Выскочка поскакала дуром[3].

---

[1] Вы́водок — птенцы или детёныши млекопитающих, ещё живущие с матерью.

[2] С заско́ком и пыльцо́й в голове́ — необычный, со странностями.

[3] Поскака́ла ду́ром — внезапно, не думая о последствиях.

— Тра-та-та-та-та! — застрекотали все сороки.

Это у них значило:

— Скачи назад, скачи, как надо, как всему сорочьему обществу надо.

— Тра-ля-ля-ля-ля! — ответила Выскочка.

Это у неё значило:

— Скачите, как надо, а я — как мне самой хочется.

Так за свой страх и риск Выскочка подскакала к самой Вьюшке в том расчёте, что Вьюшка, глупая, бросится на неё, выбросит кость, она же изловчится и кость унесёт.

Вьюшка, однако, замысел Выскочки хорошо поняла и не только не бросилась на неё, но, заметив Выскочку косым глазом, освободила кость и поглядела в противоположную сторону, где правильным полукругом, как бы нехотя — скок! и подумают, — наступали шесть умных сорок.

Вот это мгновение, когда Вьюшка отвернула голову, Выскочка улучила для своего нападения. Она схватила кость и даже успела повернуться в другую сторону, успела ударить по земле крыльями, поднять пыль из-под травы-муравы. И только бы ещё одно мгновение, чтобы подняться на воздух, только бы одно мгновеньишко! Вот только-только бы

подняться сороке, как Вьюшка схватила её за хвост — и кость выпала...

Выскочка вырвалась, но весь радужный длинный сорочий хвост остался у Вьюшки в зубах и торчал из пасти её длинным острым кинжалом.

Видел ли кто-нибудь сороку без хвоста? Трудно даже вообразить, во что превращается эта блестящая, пёстрая и проворная воровка яиц, если ей оборвать хвост. Бывает, деревенские озорные мальчишки поймают слепня, воткнут ему в зад длинную соломинку и пустят эту крупную сильную муху лететь с таким длинным хвостом, — гадость ужасная! Ну, так вот, это — муха с хвостом, а тут — сорока без хвоста: кто удивился мухе с хвостом, ещё больше удивится сороке без хвоста. Ничего

сорочьего не остаётся тогда в этой птице, и ни за что в ней не узнаешь не только сороку, а и какую-нибудь птицу: это просто шарик пёстрый с головкой.

Бесхвостая Выскочка села на ближайшее дерево, все другие шесть сорок прилетели к ней. И было видно по всему сорочьему стрекотанью, по всей суете, что нет в сорочьем быту большего сраму[1], как лишиться сороке хвоста.

[1]Срам — позор.

# ВИТАЛИЙ БИАНКИ

## Мастера без топора

Загадали мне загадку: «Без рук, без топорёнка построена избёнка». Что такое? Оказывается — птичье гнездо.

Поглядел я — верно! Вот сорочье гнездо: как из брёвен, всё из сучьев сложено, пол глиной вымазан, соломкой устлан, посерёдке вход; крыша из веток. Чем не избёнка? А топора сорока никогда и в лапках не держала.

Крепко тут пожалел я птицу: трудно, ох как трудно, поди, им, горемычным, свои жилища без рук, без топорёнка строить! Стал я думать: как тут быть, как их горю пособи́ть?

Рук им не приделаешь.

А вот топор... Топорёнок для них достать можно.

Достал я топорёнок, побежал в сад.

Глядь — козодой-полуночник на земле между кочек сидит. Я к нему:

— Козодой, Козодой, трудно тебе гнёзда вить без рук, без топорёнка?

— А я и не вью гнёзда! — говорит козодой. — Глянь, где яйца высиживаю.

Вспорхнул Козодой — а под ним ямка между кочек. А в ямке два красивых мраморных яичка лежат.

«Ну, — думаю про себя, — этому ни рук, ни топорёнка не надо. Сумел и без них устроиться».

Побежал дальше.

Выбежал на речку. Глядь, там по веткам, по кусточкам Ре́мез-Синичка скачет, тоненьким своим носиком с ивы пух собирает.

— На что тебе пух, ремез? — спрашиваю.

— Гнездо из него делаю, — говорит. — Гнездо у меня пуховое, мягкое — что твоя варежка.

«Ну, — думаю про себя, — этому топорёнок тоже ни к чему — пух собирать...»

Побежал дальше.

Прибежал к дому. Глядь, под коньком Ласточка-Касаточка хлопочет — гнёздышко лепит. Носиком глинку приминает, носиком её на речке колупает, носиком носит.

«Ну, — думаю, — и тут мой топорёнок ни при чём. И показывать его не сто́ит».

Побежал дальше.

Прибежал в рощу. Глядь, там на ёлке певчего Дрозда гнездо. Загляденье, что за гнёздышко: снаружи всё зелёным мхом украшено, внутри — как чашечка гладкое.

— Ты как такое себе гнёздышко смастерил? — спрашиваю. — Ты чем его внутри так хорошо отделал?

— Лапками да носом мастерил, — отвечает певчий Дрозд. — Внутри всё цементом обмазал из древесной трухи со слюнкой со своей.

«Ну, — думаю, — опять я не туда попал. Надо таких искать птиц, что плотничают».

И слышу: «Ту-тук-тук-тук! Тук-тук-тук-тук!» — из лесу.

Я туда. А там Дятел.

Сидит на берёзе и плотничает, дупло себе делает — детей выводить.

Я к нему:

— Дятел, Дятел, стой носом тукать! Давно, поди, голова разболелась. Гляди, какой я тебе инструмент принёс: настоящий топорёнок!

Поглядел Дятел на топорёнок и говорит:

— Спасибо, только мне твой инструмент ни к чему. Мне и так плотничать ладно: лапками держусь, на хвост обопрусь, пополам согнусь, головой размахнусь, носом ка-ак стукну! Только щепки летят да труха!

Смутил меня дятел: птицы-то, видно, все — мастера без топора.

Тут увидел я гнездо Орла. Большущая куча толстых сучьев на самой высокой сосне в лесу.

«Вот, — думаю, — кому топор-то нужен: сучья рубить!»

Подбежал к той сосне, кричу:

— Орёл, Орёл! А я тебе топорёнок принёс!

Рознял Орёл крылья и клекочет:

— Вот спасибо, парнишка! Кинь свой топорёнок в кучу. Я сучков на него ещё навалю — прочная будет постройка, доброе гнездо.

## Кто чем поёт?

Слышишь, какая музыка гремит в лесу? Слушая её, можно подумать, что все звери, птицы и насекомые родились на свет певцами и музыкантами.

Может быть, так оно и есть: музыку ведь все любят, и петь всем хочется. Только не у каждого голос есть.

Вот послушай, чем и как поют безголосые.

Лягушки на озере начали ещё с ночи.

Надули пузыри за ушами, высунули головы из воды, рты приоткрыли.

«Ква-а-а-а-а!..» — одним духом пошёл из них воздух.

Услыхал их Аист из деревни.

Обрадовался:

— Целый хор! Будет мне чем поживиться!

И полетел на озеро завтракать.

Прилетел и сел на берегу. Сел и думает: «Неужели я хуже лягушки? Поют же они без голоса. Дай-ка и я попробую».

Поднял длинный клюв, застучал, затрещал одной его половинкой о другую — то тише, то громче, то реже, то чаще: трещотка трещит деревянная, да и только! Так разошёлся, что и про завтрак свой забыл.

А в камышах стояла Выпь на одной ноге, слушала и думала: «Безголосая я цапля! Да ведь и Аист — не певчая птичка, а вон какую песню наигрывает».

И придумала: «Дай-ка на воде сыграю!»

Сунула в озеро клюв, набрала полный воды да как дунет в клюв!

Пошёл по озеру громкий гул:

«Прумб-бу-бу-бумм!»... — словно бык проревел.

«Вот так песня! — подумал Дятел, услыхав Выпь из лесу. — Инструмент-то у меня найдётся: чем дерево не барабан, а нос мой чем не палочка?»

Хвостом упёрся, назад откинулся, размахнулся головой — как задолбит носом по суку!

Точь-в-точь — барабанная дробь.

Вылез из-под коры Жук с предлинными усами.

Закрутил, закрутил головой, заскрипела его жёсткая шея — тоненький-тоненький писк послышался.

Пищит усач, а всё напрасно; никто его писка не слышит. Шею натрудил — зато сам своей песнею доволен.

А внизу, под деревом, из гнезда вылез Шмель и полетел петь на лужок.

Вокруг цветка на лужку кружит, жужжит жилковатыми жёсткими крылышками, словно струна гудит.

Разбудила шмелиная песня зелёную Саранчу в траве.

Стала Саранча скрипочки налаживать. Скрипочки у неё на крылышках, а вместо смычков — длинные задние лапки коленками назад. На крыльях — зазубринка, а на ножках зацепочки.

Трёт себя Саранча ножками по бокам, зазубринками за зацепочки задевает — стрекочет.

Саранчи на лугу много: целый струнный оркестр.

«Эх, — думает долгоносый Бекас под кочкой, — надо и мне спеть! Только вот чем?

Горло у меня не годится, нос не годится, шея не годится, крылышки не годятся, лапки не годятся... Эх! Была не была, — полечу, не смолчу, чем-нибудь да закричу!»

Выскочил из-под кочки, взвился, залетел под самые облака. Хвост раскрыл веером, выпрямил крылышки, перевернулся носом к земле и понёсся вниз, переворачиваясь с боку на бок, как брошенная с высоты дощечка. Головой воздух рассекает, а в хвосте у него тонкие, узкие перышки ветром перебирает.

И слышно с земли: будто в вышине барашек запел, заблеял.

А это Бекас.

Отгадай, чем он поёт?

Хвостом!

## Чьи это ноги?

Летал Жаворонок высоко над землёй, под самыми облаками. Поглядит вниз — сверху ему далеко видно — и поёт:

Я ношусь под облаками,
Над полями и лугами,
Вижу всех, кто подо мной,
Всех под солнцем и луной.

Устал петь, спустился и сел на кочку отдыхать.

Вылезла из-под дерева Медянка и говорит ему:

— Сверху ты всё видишь — это правда. А вот снизу никого не узнаешь.

— Как это может быть? — удивился Жаворонок. — Непременно узнаю.

— А вот иди ложись со мной рядом. Я тебе буду снизу всех показывать, а ты отгадывай, кто идёт.

— Ишь какая! — говорит Жаворонок. — Я к тебе пойду, а ты меня ужалишь. Я змей боюсь.

— Вот и видно, что ты ничего земного не знаешь, — сказала Медянка. — Первое — я не змея, а просто ящерица; а второе — змеи не жалят, а кусают. Змей-то и я боюсь: зубы у них такие длинные, и в зубах — яд. А у меня

гляди-ка: малюсенькие зубки. Я ими не то что от змеи, от тебя и то не отобьюсь.

— А где же у тебя ноги, если ты ящерица?

— Да зачем мне ноги, если я по земле ползаю не хуже змеи?

— Ну, если вправду ты — безногая ящерица, — сказал Жаворонок, — так мне бояться нечего.

Соскочил с кочки, лапки под себя поджал и лёг рядом с Медянкой.

Вот лежат они рядышком. Медянка и спрашивает:

— Ну-ка, ты, верхогляд, узнавай, кто идёт и зачем он сюда пожаловал?

Взглянул Жаворонок перед собой и обмер: идут по земле высоченные ноги, через большие кочки, как через малые комочки земли, шагают, пальцами в землю след вдавливают.

Перешагнули ноги через Жаворонка и пропали — не видать больше.

Медянка на Жаворонка посмотрела и улыбнулась во весь рот.

Облизнула сухие губы тонким язычком и говорит:

— Ну, друг, видно, не разгадал ты моей загадки. Кабы ты знал, кто через нас шагнул, так не испугался бы. Я вот лежу и смекаю: две

ноги высоких, пальцев на каждой счётом три больших, один маленький. И знаю уж: птица идёт большая, высокая, по земле гулять любит — хороши ходули для ходьбы. Так оно и есть: Журавль это прошёл.

Тут Жаворонок встрепенулся весь от радости: Журавль ему знакомый был. Спокойная птица, добрая — не обидит.

— Лежи, не пляши! — зашипела на него Медянка. — Гляди: опять ноги идут.

И верно: ковыляют по земле голые ноги, неизвестно чьи.

Пальцы словно лоскутами клеёнки обшиты.

— Отгадывай! — говорит Медянка.

Жаворонок думал-думал, никак не может припомнить, чтобы прежде такие ноги видел.

— Эх ты! — засмеялась Медянка. — Да ведь это совсем просто отгадать. Видишь: пальцы широкие, ноги плоские, по земле идут — спотыкаются. Вот в воде с ними удобно: повернёшь ногу боком — она воду как ножом режет; растопыришь пальцы, — и весло готово. Это Чомга-нырец — водяная такая птица — из озера вылезла.

Вдруг упал с дерева чёрный комок шерсти, приподнялся с земли и пополз на локтях.

Присмотрелся Жаворонок, а это вовсе не локти, а сложенные крылья.

Повернулся комок боком — сзади у него цепкие звериные лапки и хвост, а между хвостом и лапками кожа натянута.

— Вот чудеса! — сказал Жаворонок. — Кажется, крылатая тварь, как и я, а на земле узнать её никак не могу.

— Ага! — обрадовалась Медянка, — не можешь узнать. Хвастался, что под луной всех знаешь, а Летучей-то Мыши и не узнал.

Тут Летучая Мышь вскарабкалась на кочку, расправила крылья и улетела к себе на дерево.

А уж из-под земли другие ноги лезут.

Страшные лапы: короткие, мохнатые, на пальцах тупые когти, жёсткие ладошки в разные стороны вывернуты.

Затрепетал Жаворонок, а Медянка говорит:

— Лежу, гляжу и смекаю: лапы в шерсти — значит, звериные. Короткие, как обрубки, и ладошками врозь, а на толстых пальцах когтищи здоровые. На таких ногах по земле шагать трудно. А вот под землёй жить, землю лапами рыть да назад её за собой

отбрасывать — очень даже удобно. Вот вышло у меня: подземный зверь. Крот называется. Гляди, гляди, а то он сейчас опять под землю уйдёт.

Зарылся Крот в землю — и опять нет никого.

Не успел Жаворонок в себя прийти, глядь: бегут по земле руки.

— Это что за акробат? — удивился Жаворонок. — Зачем ему четыре руки?

— А по веткам в лесу прыгать, — сказала Медянка. — Ведь это же Белка-Векша.

— Ну, — говорит Жаворонок, — твоя взяла: никого я на земле не узнал. Дай-ка теперь я тебе загадку загадаю.

— Загадывай, — говорит Медянка.

— Видишь в небе тёмную точку?

— Вижу, — говорит Медянка.

— Отгадай, какие у неё ноги?

— Да ты шутишь! — говорит Медянка. — Где ж мне так высоко ноги разглядеть?

— Какие тут шутки! — рассердился Жаворонок. — Уноси свой хвост подобру-поздорову, пока не сгребли тебя эти когтистые лапы.

Кивнул Медянке на прощание, вскочил на лапки и улетел.

## Терентий-Тетерев

Жил в лесу Тетерев, Терентием звали.

Летом ему хорошо было: в траве, в густой листве от злых глаз прятался. А пришла зима, облетели кусты и деревья — и схорониться негде.

Вот звери лесные, злые, и заспорили, кому теперь Терентий-Тетерев на обед

достанется. Лисица говорит — ей. Куница говорит — ей.

Лисица говорит:

— Терентий спать на землю сядет, в кусту. Летом его в кусту не видно, а нынче — вот он. Я по́низу промышляю, я его и съем.

А Куница говорит:

— Нет, Терентий спать на дереве сядет. Я по́верху промышляю, я его и съем.

Терентий-Тетерев услыхал их спор, испугался. Полетел на опушку, сел на макушку и давай думать, как ему злых зверей обмануть. На дереве сядешь — Куница поймает, на землю слетишь — Лисица сцапает. Где же ночевать-то?

Думал-думал, думал-думал, — ничего не придумал и задремал.

Задремал — и видит во сне, будто он не на дереве, не на земле спит, а в воздухе. Кунице с дерева его не достать и Лисице с земли не достать: вот только ноги под себя поджать, — ей и не допрыгнуть.

Терентий во сне ноги-то поджал да бух с ветки!

А снег был глубокий, мягкий, как пух. Неслышно по нему крадётся Лисица. К опушке бежит. А поверху, по веткам, Куница скачет и тоже к опушке. Обе за Терентием-Тетеревом спешат.

Вот Куница первая прискакала к дереву да все деревья оглядела, все ветки облазала — нет Терентия!

«Эх, — думает, — опоздала! Видно, он на земле, в кусту спал. Лисице, верно, достался».

А Лисица прибежала, всю опушку оглядела, все кусты облазала — нет Терентия!

«Эх, — думает, — опоздала! Видно, он на дереве спал. Кунице, видно, достался».

Подняла голову Лиса, а Куница — вот она: на суку сидит, зубы скалит.

Лисица рассердилась, как крикнет:

— Ты моего Терентия съела, — вот я тебе!

А Куница ей:

— Сама съела, а на меня говоришь. Вот я тебе!

И схватились они драться.

Жарко дерутся: снег под ними тает, клочья летят.

Вдруг — трах-та-та-тах! — из-под снега чем-то чёрным как выпалит!

У Лисицы и Куницы от страха душа в пятки. Кинулись в разные стороны: Куница — на дерево, Лисица — в кусты.

А это Терентий-Тетерев выскочил. Он как с дерева свалился, так в снегу и заснул. Только шум да драка его разбудили, а то, наверное, и сейчас бы спал.

С тех пор все тетерева зимой в снегу спят: тепло им там и уютно, и от злых глаз безопасно.

# Содержание

УДК 821.161.1-93
ББК 84(2Рос=Рус)6-44
Р24

Р24 **Рассказы** о зверятах / иллюстрации Владимира и Марины Белоусовых. — Москва : Эксмо, 2023. — 96 с. : ил. — (Книги для внеклассного чтения).

ISBN 978-5-04-172870-0

В сборник вошли рассказы русских писателей о животных. Коты, мышки, собаки и птицы станут вашими добрыми проводниками по миру природы.

**УДК 821.161.1-93**
**ББК 84(2Рос=Рус)6-44**



**ISBN 978-5-04-172870-0**

*Литературно-художественное издание*
*Для среднего школьного возраста*

әдеби-көркем басылым
*орта мектеп жасындағы балаларға арналған*

КНИГИ ДЛЯ ВНЕКЛАССНОГО ЧТЕНИЯ

**РАССКАЗЫ О ЗВЕРЯТАХ**
(орыс тілінде)

Художники *Владимир Белоусов, Марина Белоусова*

Ответственный редактор *Д. Сандросян*
Художественный редактор *И. Лапин*
Технический редактор *М. Печковская*
Компьютерная верстка *Е. Беликовой*
Корректор *Е. Савинова*

Соответствует техническому регламенту ТР ТС 007/2011
КО ТР 007/2011 техникалық регламентіне сәйкес келеді

Страна происхождения: Российская Федерация
Шығарылған елі: Ресей Федерациясы

EAC

6+

**ООО «Издательство «Эксмо»**
123308, Россия, город Москва, улица Зорге, дом 1, строение 1, этаж 20, каб. 2013.
Тел.: 8 (495) 411-68-86.
Home page: www.eksmo.ru E-mail: info@eksmo.ru
Өндіруші: «ЭКСМО» АҚБ Баспасы,
123308, Ресей, қала Мәскеу, Зорге көшесі, 1 үй, 1 ғимарат, 20 қабат, офис 2013 ж.
Тел.: 8 (495) 411-68-86.
Home page: www.eksmo.ru E-mail: info@eksmo.ru.
Тауар белгісі: «Эксмо»
**Интернет-магазин** : www.book24.ru

**Интернет-магазин** : www.book24.kz
**Интернет-дүкен** : www.book24.kz
Импортёр в Республику Казахстан ТОО «РДЦ-Алматы».
Қазақстан Республикасындағы импорттаушы «РДЦ-Алматы» ЖШС.
Дистрибьютор и представитель по приему претензий на продукцию,
в Республике Казахстан: ТОО «РДЦ-Алматы»
Қазақстан Республикасында дистрибьютор және өнім бойынша арыз-талаптарды
қабылдаушының өкілі «РДЦ-Алматы» ЖШС,
Алматы қ., Домбровский көш., 3«а», литер Б, офис 1.
Тел.: 8 (727) 251-59-90/91/92; E-mail: RDC-Almaty@eksmo.kz
Өнімнің жарамдылық мерзімі шектелмеген.
Сертификация туралы ақпарат сайтта: www.eksmo.ru/certification

Сведения о подтверждении соответствия издания согласно законодательству РФ
о техническом регулировании можно получить на сайте Издательства «Эксмо»
www.eksmo.ru/certification
Өндірген мемлекет: Ресей. Сертификация қарастырылған

Дата изготовления / Подписано в печать 11.10.2022. Формат 60x90[1]/[16].
Гарнитура «TextBook». Печать офсетная. Бумага офсетная. Усл. печ. л. 6,0.
Тираж 7000 экз. Заказ 5690/22

Отпечатано в соответствии с предоставленными материалами
в ООО «ИПК Парето-Принт», 170546, Тверская область,
Промышленная зона Боровлево-1, комплекс №3А, www.pareto-print.ru



ISBN 978-5-04-172870-0